ESTE ES UN LIBRO SITUACIONAL PARA PROMOVER LAS HABILIDADES DE SOLUCIÓN DE PROBLEMAS ENTRE LOS NIÑOS PEQUEÑOS. SE FOMENTAN LAS DISCUSIONES ABIERTAS CON ORIENTACIÓN DE ADULTOS.

ESTÁ DISEÑADO PARA UTILIZARSE INDIVIDUALMENTE O EN CONFIGURACIÓN DE GRUPO.

¿QUÉ HARÍAS SI ......

ALGUIEN SE BURLA DE TI?

¿QUÉ HARÍAS SI ......

ALGUIEN DIJO ALGO DE TI QUE NO ES CIERTO O VERDAD?

¿QUÉ HARÍAS SI ......

ALGUIEN TE GOLPEÓ?

¿QUÉ HARÍAS SI ......

ALGUIEN TOMÓ ALGO DE TI Y NO QUISO DEVOLVERLO?

¿QUÉ HARÍAS SI ......

NADIE QUERÍA SENTARSE EN EL ALMUERZO

O EL RECREO?

¿QUÉ HARÍAS SI ......

ALGUIEN SE BURLA DE TU CUERPO?

¿QUÉ HARÍAS SI ......

ALGUIEN
ESTABA
SENTADO
SOLO Y SE
VEÍA TRISTE?

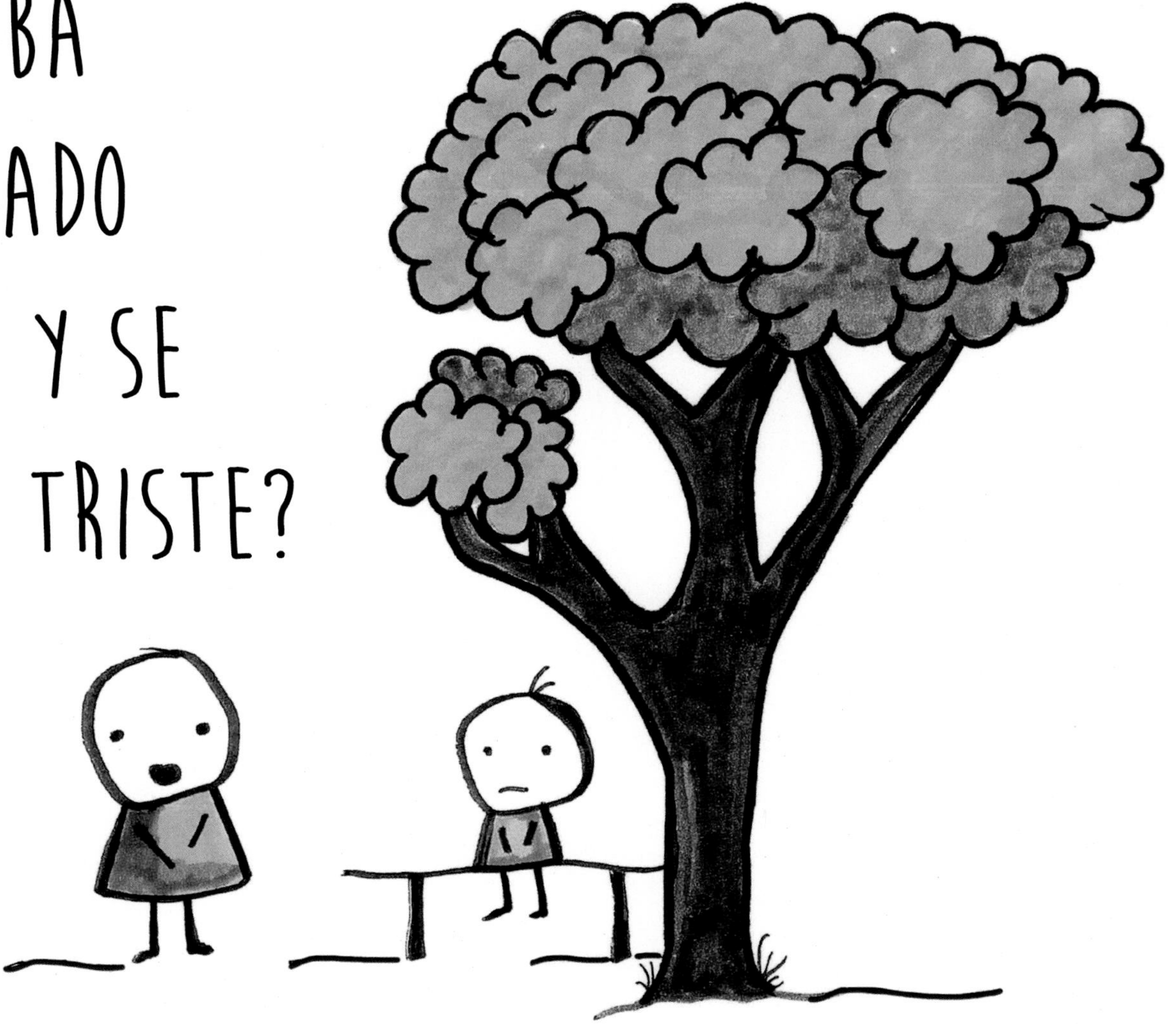

¿QUÉ HARÍAS SI ......

¿CUÁLES SON ALGUNAS COSAS QUE SUCEDEN CUANDO ESTÁS CON TUS AMIGOS QUE TE GUSTA O NO TE GUSTA?

¿CÓMO TE SIENTES CUANDO SUCEDE ALGO QUE NO TE GUSTA Y POR QUÉ?

¿PUEDES RECORDAR ALGO QUE HICISTE SOLO?

¿CÓMO TE SENTISTE?

**Deseo dedicar este libro a mi padre,
"Gennar U Mastone".**

Hiciste sonreír a todos.

Filomena Malvone, nacida en Brooklyn, Nueva York, se mudó a Hanover, PA, con su familia a una edad temprana. Ella es copropietaria del restaurante local de su familia, Jerry, y Sal's Pizza, que fue iniciado por su padre, Jerry, hace 50 años. Ella ha estado vinculada con el restaurante por más de 20 años. Fue en el restaurante donde observó la lucha con la capacidad de resolver problemas en la generación más joven. Esta observación la inspiró a escribir su libro, ¿Qué harías si...? Este libro puede guiar a los niños a tomar decisiones positivas que ayuden en el desarrollo de un carácter fuerte, confianza en sí mismos, empatía y muchas más cualidades extraordinarias. Nuestros niños pequeños enfrentan muchas luchas, como la intimidación, todos los días y no saben cómo abordarlos o hablar sobre ellos. Este libro puede ser útil para maestros, consejeros, terapeutas, padres o cualquier persona con un niño pequeño en su vida. Sentarse y leer este libro con estos niños pequeños puede ayudarlos a abordar sus luchas con una mayor conciencia de sí mismos. Puedes mantenerte en contacto con Filomena en info@filomenamalvone.com

Gracias especiales...

A mis hijos, Massimo y Sofia, por ser increíbles y siempre inspirarme a seguir adelante.
A mi madre, Rosa, por enseñarme paciencia y perseverancia. Salvatore, por ser mi mejor amigo, Stephanie y Stacey, por decirme que necesitaba seguir adelante cuando dudaba de mí mismo. Sandra y Salvatore, por ayudar con las traducciones, Jerry por su valioso tiempo y hacer que todo esto sea posible. Dr. William Bowman, Sra. Dana Sauers, Katrina y Dan S. por sus comentarios positivos. No tengo palabras para expresar mi gratitud a todos ustedes por tomarse un tiempo de sus vidas para hacer realidad un sueño.

NOTAS